シニアのための
日本史がおもしろくなるクイズワークシート

今井弘雄 著

黎明書房

はじめに

　私がいま，レク指導をしているデイサービスの施設の雑談の中で，よく日本史の話が出ます。
　「猿飛佐助(さるとびさすけ)はほんとうにいたのか」とか「義経(よしつね)はほんとうは醜男(ぶおとこ)だった」とか「北海道は，札幌県，函館県，根室県だった」とか，楽しそうに話しています。それを聞くと，シニアの人たちはほんとうに歴史が好きなんだなあと感じます。
　それならばと，あまり知られていない，教科書にも載っていない，おもしろい歴史の話があるので，それをクイズ形式にして書いたのが，この本です。
　歴史は後世の人によって書かれたもので，すべてが正しいとはいえませんが，「火のない所に煙はたたない」というように，何かの証拠や文献によって書かれたものです。中には，答えが通説とは異なる話もありますが，そう思って楽しんでみてください。
　なお，施設などで使われる場合は適宜コピーしてお使いください。

　平成 25 年 10 月 1 日

　　　　　　　　　　　　　　　　　　　　　　　　今井弘雄

も く じ

はじめに　1

あまり知られていない
日本史おもしろ○×クイズ——————— 3

日本は7世紀にすでに外国と戦ったことがある？／仙台名物の「ずんだ餅」は，伊達政宗が開発したものである？／三代将軍徳川家光は，自殺をはかったことがあった？／など全15題

どちらがほんとうかな
日本史おもしろ二択クイズ——————— 13

「土偶」は何のために作られたものか？／落雷のとき「桑原，桑原」と唱えるのはどうしてか？／武蔵坊弁慶は，ほんとうに豪傑だったのか？／徳川家康は，大坂夏の陣で戦死し，その後は影武者だったといわれている。その理由は？／忠臣蔵は，ほんとうは47人ではなかった？／大岡越前守忠相の年俸はいくらか？／伊藤博文は，あることで明治天皇からしかられたことがある。そのあることとは？／最初のビアホールでいちばん評判がよかったビールのおつまみは？／など全64題

おまけ　77

イラスト・岡崎園子

あまり知られていない
日本史おもしろ○×クイズ

問題 1 日本は7世紀にすでに外国と戦ったことがある。
○か，×か？

（答え：　　　　）

問題 2 日本で最初に作られた銅銭（どうせん）は「和同開珎（わどうかいちん）」である。
○か，×か？

（答え：　　　　）

問題 3 現在，国宝に指定されている「奈良の大仏」は，江戸時代の建造である。
○か，×か？

（答え：　　　　）

1の答え 〇

663年「白村江の戦い」が行われた。そのときの朝廷は、朝鮮半島の百済を援助するために、朝鮮半島に出兵し、唐と新羅の連合軍と白村江で戦ったが、唐の水軍によって大敗し、百済は滅んだ。

2の答え ×

かつては、「和同開珎」が日本で最初の銅銭といわれていたが、1998年に、持統天皇時代に鋳造された銅銭「富本銭」が発見され、これが日本最古の銅銭といわれている。

3の答え 〇

東大寺にある「奈良の大仏」は752年聖武天皇のとき、災害や疫病や飢饉が起こり、なんとか仏の力でそれを振り払ってもらおうと大仏を建てた。しかしその後、源平の合戦の時代と戦国時代の二度にわたり焼失し、現在の大仏は江戸時代に再建されたものである。

あまり知られていない日本史おもしろ○×クイズ

問題4

平清盛の子ども・知盛は戦に負け都落ちするとき，途中で敵を見つけた。人数も多くないので，知盛の兵は「斬りましょう」といったが，知盛は戦わず，静かに西へ落ちた。
○か，×か？

（答え：　　　　）

問題5

日本で初めて国として貿易を行ったのは平清盛である。
○か，×か？

（答え：　　　　）

問題6

仙台の名物の一つになっている「ずんだ餅」は，伊達政宗が開発したものである。
○か，×か？

（答え：　　　　）

4の答え

「平家物語」によれば,知盛は「われわれの運が尽きてきたならば,この人たちの首を取ったところで大勢は変わらないだろう。この人たちの郷里には,妻も子もいるだろう。いま,この人たちを斬ったら,妻子たちはどんなに悲しむだろう」と家臣を諭したとされている。

5の答え

清盛は当時の中国の宋と神戸で貿易を開始した。当時,神戸には奈良時代の行基が作ったとされる大輪田泊という船着場があった。そこを清盛は改修して港を作り,貿易を開始したといわれている。

6の答え

伊達政宗の趣味は,実は料理で,兵糧開発のための食材の研究も行っていた。政宗は,餅に枝豆をすりつぶした餡をつけて食べることを思いつき,これがいまの「ずんだ餅」となったといわれている。また,餅に納豆をつけて食べており,これが「納豆餅」になったともいわれている。

徳川幕府は「幕藩体制」を作ったが，その中で幕府直轄地の天領を作った。天領は戦略上重要な所や金や銀を産出する所で，それは京都，大坂，奈良，甲斐，飛騨である。

○か，×か？

(答え：　　　　)

三代将軍徳川家光は，自殺をはかったことがあった。
○か，×か？

(答え：　　　　)

「振袖火事」は江戸市中の6割を焼失させ，江戸城の天守閣までも炎上させた。この火元は本郷丸山の本妙寺で，恋わずらいで死んだ娘の振袖を焼いたことからである。

○か，×か？

(答え：　　　　)

7の答え ✗

天領は，京都，大坂，奈良，甲斐，飛騨のほかに，長崎や金山のある佐渡なども含まれている。

8の答え ○

家光は生まれたときから病弱であったため，両親や周囲の取り巻きからも疎まれた。母までが三男の忠長ばかりかわいがり，家光には近習の者に夜食を届けさせるなどの行為に出た。そのプレッシャーに押しつぶされ，脇差を抜いて自殺をはかったといわれている。

9の答え ✗

実際は定かではないが，本郷丸山近くで出火したといわれている。江戸の大半が焼失し江戸城も焼失した大火であったので，老中の屋敷が火元であったが，それでは幕府の威信が失墜してしまうため，隣接した本妙寺から出火したことにしてくれと，幕府に要請され汚名をかぶったといわれている。

問題10

南町奉行大岡忠相が造ったといわれている「小石川養生所」は，忠相が貧しくて医療を受けられない者のためを思って建てた。

○か，×か？

（答え：　　　　）

問題11

江戸が整備される中，五街道のうち甲州街道の最初の宿場は高井戸であったが，日本橋から遠すぎるため，内藤家屋敷内に新しく「内藤新宿」ができた。しかし，風紀が乱れ一度は廃止となった。

○か，×か？

（答え：　　　　）

問題12

徳川幕府は，隅田川河口や品川沖を航行する船舶の利便をはかるため，寄場人足たちを使って石川島に常夜灯を造った。その費用は幕府が出し人足たちに賃金も支払われた。

○か，×か？

（答え：　　　　）

10の答え　✗

世間では忠相が造ったといわれているが，八代将軍徳川吉宗が庶民の声を聞くために設けた「目安箱」への投書を将軍自らが読み，貧しい者への医療所を造るように忠相に申しつけ，忠相が医療所（養生所）を造ったものである。

11の答え　○

甲州街道の初宿は，はじめは高井戸であったが，あまりにも遠いので「内藤新宿」ができた。日本橋からも近く宿屋も繁盛したが，飯盛女の売春が目にあまるようになり，いったん廃止となった。しかし，飯盛女も千住や板橋と同じ150人までと決められ，再び営業が始まった。

12の答え　✗

人足等に賃金は支払われたが，建設資金は人足たちの油しぼりの作業で得た利益が使われた。その常夜灯は，石川島灯台として明治まで利用されていた。

あまり知られていない日本史おもしろ○×クイズ

明治天皇が東京に入ってまずしたことは，江戸の庶民に酒をふるまうことだった。
○か，×か？

（答え：　　　　　）

日本最初の鉄道から，日本の列車の発着時間はきちんと守られていた。
○か，×か？

（答え：　　　　　）

日本で初の運動会は，明治7年海軍兵学校寮で行われた。そのとき，競技のスタートの合図は海軍軍楽隊のラッパであった。
○か，×か？

（答え：　　　　　）

13の答え

明治天皇が東京に入ったころは，江戸庶民はまだ徳川将軍に親しみも情も強く残っていた。そこで明治天皇としては，なんとか江戸っ子と仲良くなりたい，そのためには一緒に酒を飲むことだと，東京の各町内へ酒樽(さかだる)を配った。

14の答え

いまでも日本の列車の発着の正確さは世界一ですが，明治時代初めて開通するとき，当時の時刻表には「必ず時刻表どおりに発着しますといえないけれど，できるだけ遅れないようにします」と断り書きがあり，それをずっといままで続けてきているのである。

15の答え

初めての運動会には，海軍軍楽隊の演奏もあり大いに盛り上がりを見せたといわれているが，スタートの合図は小銃の号砲で始まったと伝えられ，それ以来日本の運動会のスタートの合図はピストルの号砲になった。

どちらがほんとうかな
日本史おもしろ二択クイズ

問題 1 縄文時代の貝塚の中や竪穴住居跡の中に「土偶」が見つかった。「土偶」は何のために作られたものか？

① 神や仏像のように崇拝するものとして作られた。
② 子どもが遊ぶ人形として作られた。

（答え：　　　）

問題 2 弥生時代になり，初めて国ができ，王が生まれた。その理由はどうしてか？

① なんとなく自分たちを守るために長を作った。
② 弥生時代になり稲作が生まれ，そのために共同作業のリーダーが必要になったから。

（答え：　　　）

1の答え　①

土偶は，女性をかたどられた焼き物だった。女性は子どもを生むことができる神秘的な力あるものとして，崇拝するために作られた。

2の答え　②

弥生時代になると稲作が始まった。稲作は共同作業なので，そこでリーダーが生まれた。共同作業の仲間を作り，村ができると，村と村の争いが起こり，その村を守るリーダーが必要となった。また，村と村がくっついたりして「くに」ができ，その指導者として王が生まれた。

 飛鳥時代で有名な聖徳太子は「十七条の憲法」を制定した。その心構えとして「三宝を敬え」とある。その「三宝」とは何か？

① 「親，兄弟，師」のことである。
② 「仏，法，僧」のことである。

（答え：　　　）

 飛鳥時代後期（大化の改新後）になると初めて税制が定められた。それは「租，庸，調制度」といわれた税である。それでは，その「租，庸，調」は何のことか？

① 「租」とは収穫した米のこと，「庸」とは布のこと，「調」とは塩など各地方の特産物のことである。
② 「租」とは米のこと，「庸」とは労役をある期間提供すること，「調」とは各地方の特産物のことである。

（答え：　　　）

3の答え　②

聖徳太子は，日本古来の神道でなく仏教を大切にした。「三宝を敬え」というのは，仏様，その仏の教え，その教えを説く人を敬いなさいといっているのである。

4の答え　②

「庸」とは，本来は労役を提供すること，すなわち，都での土木作業を期限を決めて働くことであるが，地方の人で都まで働きに来られない人は，その代わりに「庸布2丈6尺」を納めることでもよいとした（大宝律令）。

 平安時代，菅原道真が福岡の大宰府に左遷されてから，京の都では落雷で多くの人が死んだ。それから都の人々は落雷のときは「桑原，桑原」と唱えた。どうしてか？

① 雷様は，桑の木が嫌いだから。
② 都で道真が住んでいた「桑原」には雷が落ちなかったから。

（答え：　　　　）

 平将門の首塚が，東京の千代田区にあったり，岐阜の大垣市にあったりしているのは，なぜか？

① 京の七条河原にさらされた将門の首が，空を飛び関東地方に消えたから。
② 後世の将門びいきの人が勝手に，「ここに将門の首が飛んできた」と首塚を作った。

（答え：　　　　）

5の答え　②

都では道真が死んでから，皇居やその他おおぜいの人が住んでいる場所に雷が落ちたが，道真が住んでいた「桑原」には落雷がなかったので，「桑原，桑原」といって，あやかろうとした。

6の答え　①

京の七条河原にさらされた将門の首は，ある日，稲妻とともに，自分の胴体を探しに，関東のほうへ飛び去ったといわれている。

源平最後の合戦場の壇ノ浦で、安徳帝を抱いて入水するとき、二位の尼・時子は、幼帝に何といって飛び込んだか？

① 「波の下にも都がありますよ」
② 「これから竜宮に行きましょう」

（答え：　　　　）

豪傑として知られている武蔵坊弁慶は、ほんとうに豪傑だったのか？

① 生まれたときから3歳児の体型をもった、暴れん坊であった。
② 目立たない義経の重臣の1人だった。

（答え：　　　　）

7の答え　①

二位の尼・時子は、幼帝が「尼よ、われをどこへ連れていくのか」と聞いたとき、「極楽浄土というめでたい所へお供します。波の下にも都がありましょうぞ」といって、一緒に入水した。

8の答え　②

1000本の太刀を奪おうと牛若丸と争ったり、仁王立ちの大往生などの語り草があるが、「平家物語」では目立たない武将として登場している。

問題9 源義経伝説では、兄頼朝に追われた義経は平泉で果てたとされている。ほんとうはどうだったか？

① 北海道からモンゴルに渡り、成吉思汗になった。
② 北海道から中国大陸に渡ろうとしたが、その前に果てた。

（答え：　　　　）

問題10 鎌倉時代、北条時頼が執権のころ、守護衆はきちんと民を治めているかと諸国を旅して回った。あるとき大雪にあって、粗末な家に泊めてもらった。貧乏で何ももてなす物がない主人は、大切にしていた3つの鉢の木を燃やした。この3つの鉢の木は何だったか？

① 梅、松、桜
② 松、竹、梅

（答え：　　　　）

9の答え　②

徳川光圀編纂の「大日本史」の中に，義経が蝦夷地へ脱出したとの説が書かれている。それを裏付けるように，小樽の手宮洞窟には，義経一行が大陸に渡ろうとしたとき書き残したといわれる文字がある。それによると，義経一行は北海道へは渡ってきたものと思われる。

....

10の答え　①

主人は，この客のために惜しむことなく，大切にしていた梅，松，桜の鉢の木を燃やした。その後，時頼は，この主人を鎌倉に呼び出し，新しく「加賀の梅田」「上野の松井田」「越中の桜井」の庄を領地として与えた。

問題 11 鎌倉幕府が滅亡してしまった理由は何か？

① モンゴルに勝ったのに，御家人たちにその恩賞を与えなかったから。
② 恩賞の替わりに「御家人が店からした借金は帳消しにする」という徳政令を出したから。

（答え：　　　　）

問題 12 南北朝時代，楠木正成，正行は足利軍と安倍川沿いで戦った。足利軍が安倍川の橋を急いで渡り始めたとき，橋桁が崩れた。そこで，楠木軍の大将正行はそれを見て家来に何といったか？

① 「溺れかかっている者は何人たりとも救え！」
② 「足利軍ともあろう者が何というざまだ」

（答え：　　　　）

11の答え　②

幕府は，戦に勝っても恩賞として与える土地がなくなり，「徳政令」を出したが，これは一時しのぎで，これがもとで御家人たちにお金を貸していたお店は絶対に貸さなくなった。そこで御家人の不満は爆発し，鎌倉幕府は滅亡した。

12の答え　①

正行は家来が「殿，川で溺れているのは敵の兵士どもではありませんか」というのに対し，「我々に刃向かわない者が，どうして敵なのだ」といって溺れている敵を救った。後に助けられた兵士は次の戦で楠木軍に参加した。

問題13

武田信玄と上杉謙信の合戦というと,「川中島の一騎打ち」が有名であるが,はたしていつあったのか？

① 「川中島の戦い」は,五度もあったが,一度も2人だけの一騎打ちはなかった。
② 四度目の最大の激戦中にたしかにあった。

（答え：　　　　）

問題14

徳川家康が武田信玄と戦った「三方が原の戦い」は,家康の大敗で,やっとの思いで逃げのびた。なぜ,あの信玄の騎馬団から逃げのびられたか。その理由は？

① 家康の家来の多くの犠牲で逃げのびた。
② 実は家康は信玄の隠し子で,信玄が情けをかけ,わざと逃した。

（答え：　　　　）

13の答え ①

たしかに「甲越信戦録」には「謙信が一騎で，信玄に太刀で切りかかり，信玄は腰かけたまま軍配団扇で受け止めた」とあるが，かたや「上杉年譜」には「信玄に傷を負わせたのは謙信の家来」とある。したがって，確たる証拠もなく，後の誰かによる作り話らしい。

14の答え ②

「家康は信玄の隠し子である」という説は，遠江や三河では有名な話で，その証拠には，日光東照宮には武田家の家紋の「花菱」が使われている。また，武田家滅亡後，家康は武田の遺臣を多く召し上げている等から，「ひょっとして家康は信玄の隠し子かもしれない」という説がある。

問題15 戦上手な徳川家康も，何度か負け戦で，ほうほうの体で逃げたことがあったが，彼は運がよく，生きのびた。しかし，武田信玄との三方が原の戦いでは，恐怖のあまり非常に恥ずかしいことをした。それはどんなことか？

① 馬に乗って逃げるとき，恐怖のため馬上で脱糞した。
② 馬上で「怖い，怖い」と泣き叫んだ。

（答え：　　　　　）

問題16 明智光秀が本能寺の織田信長を奇襲したとき，「もうこれまで」と観念して信長は火を放ち切腹した。その後，光秀は信長の遺体を徹底的に探したが，遺体はどこにもなかった。なぜか？

① 納戸に秘密の出口があり，中間が傷を負った信長を背負って脱出した。
② 本能寺には万が一のため地下トンネルの抜け穴があり，そこから脱出した。

（答え：　　　　　）

15の答え　①

家康は信玄との三方が原の戦いで大敗し，命からがら逃げた。そのとき，恐怖のあまり，馬上で糞をもらしたといわれている。その後，信玄は病死，運は家康についてきた。

16の答え　②

①については，光秀は奇襲攻撃を始めるとき，寺の周辺を二重にも三重にも包囲しており，逃げてもすぐ見つかってしまうため無理。あとでわかったのは，本能寺には抜け穴があり，信長はこれを利用して脱出し，とりあえず親類のいる薩摩に逃げ病死したといわれている。

問題17 大坂冬の陣の合戦のとき，徳川方の前田軍は小高い丘に陣を構え，豊臣方の真田幸村と戦った。前田の陣は有利ではあったが，戦上手な真田軍に苦戦をした。危うく命を落としそうになっても，頑固な利家は退こうとはしなかった。困ってしまった老骨の家来は，殿に何といって退かせたか？

① 「殿，これでは殿も私ども家来も死んでしまいます」
② 「殿，今，北風が吹いております。風邪を召されたら明日の合戦ができません」

（答え：　　　　）

問題18 徳川家康は，大坂夏の陣で戦死し，その後の家康は影武者だったといわれている。その理由は？

① 家康は大坂夏の陣で戦死し，その後，小笠原秀政が家康を演じていた。
② 家康が60歳を過ぎてからも，あんなに多くの子どもをつくれるわけがない。

（答え：　　　　）

17の答え ②

頑固な利家も，風邪で戦に負けたとあっては面目が立たないと，老臣の言葉を聞いて退いたのである。

18の答え ②

①の小笠原秀政と入れ替わった説は，大坂夏の陣の後，秀政もすぐ死んでいるので，これはない。したがって，いくら精力抜群でも60歳過ぎてあんなに子どもができるわけがないという理由で，晩年の家康は影武者だったといわれている。

問題 19　江戸時代，日本橋人形町に公許の遊郭として「吉原遊郭」が開業した。しかし，その40年後，浅草への移転を幕府から言い渡された。名主たちは反対したが，結局移転した。その理由は？

①　幕府は引っ越し料として19000両を支給した。
②　吉原が火事になり，同じ場所での再建は無理だった。

（答え：　　　　）

問題 20　寛永15年（1638年），日本一大きな天守閣を持つ江戸城が完成するが，その50年後，江戸の大火で焼失し，その後，ついに再建されることはなかった。その理由は？

①　幕府の財政が長い間，緊迫状態であったから。
②　幕府としては，まず城下の復興を優先したから。

（答え：　　　　）

19の答え　②

幕府は，遊里が江戸の繁華街に近く，火災や風紀上の問題もあり，移転を決めた。名主たちは反対したが，明暦の大火で吉原が全焼した。同じ場所への再建には，江戸の町の女房たちが反対し，幕府からの許可が下りず，浅草の浅草寺の裏に移転した。

20の答え　②

明暦の江戸の大火は，江戸城の天守閣をはじめ，町の大半が焼失した。すぐに江戸城の天守閣再建の話が出たが，時の将軍補佐役の保科正之からの，「まず城下の復興を優先すべき」との意見から，再建は中止された。その後再建の計画はあったが，財政上の問題等，いろいろなことが起こり，幕末を迎えることとなり，現在に至った。

問題 21

1651年に由比正雪、丸橋忠弥による幕府転覆を画策する反乱計画があったが、事前に発覚し2人は処刑される。この事件が起きる原因は？

① 幕府が改易、減封を繰り返し、多くの浪人が出て生活ができなくなったから。

② あまりにもぜいたくな生活をしている幕府の役人と自分たちの貧富の差に、我慢ができなくなったから。

（答え：　　　　）

問題 22

元禄赤穂浪士事件で有名な忠臣蔵は、ほんとうは47人ではなかった？

① この元となった「仮名手本忠臣蔵」は、「いろは仮名」の47文字にかけて四十七士とした。実際に事件で切腹した者は46名であった。

② 実際に討ち入りに加わったのは47名であった。討ち入り直後に上司から密命を受け、主君の未亡人のもとへ報告に行った者がおり、切腹したのは46名だが、討ち入りは47名である。

（答え：　　　　）

21の答え　①

徳川幕府ができてから，幕府は秩序と威厳を保つため大名を次々に改易，減封をし，その結果，生活の糧を失った浪人が約40万人といわれ，ついに生きるためにはやむなし，と幕府転覆の計画が起きたが，結局その計画は発覚し実行されなかった。首謀者の丸橋忠弥は品川の鈴が森で処刑された。この処刑所は，「八百屋お七」をはじめ，多くの人が処刑された場所でもある。

22の答え　②

赤穂浪士の一人，寺坂吉右衛門は討ち入りを果たした直後，大石内蔵助の命を受け，主君の未亡人のもとへ報告に走り，切腹を免れた。

問題 23

江戸南町奉行の大岡越前守忠相は当時、今の年俸でいくらもらっていたか？

① 約1000万円
② 約1億円

（答え：　　　）

問題 24

江戸の隅田川の両国の打ち上げ花火は、夏の風物詩として1733年に始まったとされている。どうして始まったのか、その理由は？

① 両国橋ができたとき、両方の橋に火除け地を作り、そこに芝居小屋や茶屋ができた。その客集めのため、夏に打ち上げ花火を上げた。
② 1733年、人々の災厄除去を願うため、隅田川の水神祭のときに打ち上げ花火を上げた。

（答え：　　　）

23の答え　②

彼は今でいう，行政，司法すべてを行っていたので，そのくらいの金額になる。彼は，その報酬はほとんど自分のためには使わず，小石川養生所の費用や，与力たちの岡っ引きへの援助，消防のための費用に使い，実際の生活は質素であった。

24の答え　②

1733年，飢饉と疫病のため犠牲になった人々が多く出た。その人々の供養と災厄除去を願う水神祭が行われ，両国橋界隈の料理屋が幕府の許しを得て供養のための花火を打ち上げた。

問題 25 江戸時代の浮世絵師,葛飾北斎は90歳で亡くなったが,その生涯には数々の奇行があった。画号を北斎のほか30数回変え,転居も何度も行った。

では,何回行ったか?

① 93回
② 39回

(答え:　　　)

問題 26 江戸時代,義賊として有名な「鼠小僧」の墓が東京の両国の回向院にある。その墓石がたびたび削り取られる。しかも今は受験生が削り取ることが多いといわれている。では,その理由は?

① 鼠小僧のようにするりと学校に入れるように。
② 賭け事に勝つように。

(答え:　　　)

| 25の答え | ① |

北斎は，生涯のうち転居すること93回。そのうち現在わかっている所は，墨田区の本所と浅草聖天町であり，あとは越してすぐ3日で転居するなど，どこに移ったか場所は定かではない。

| 26の答え | ② |

鼠小僧は，盗んだ金を自らは使わず貧乏人に分け与えたといわれているが，そのような記録はない。金持ちの庄屋や大名宅から盗んでいたことはあるらしいが，ただの泥棒には違いない。「賭け事に勝つ」とか「運がつく」とか，そのご利益に預かろうと墓石を削り持ち帰る者が多く，今は墓の脇に，かき取り用の墓石が置いてある。

問題27 江戸時代1807年，深川八幡（ふかがわはちまん）の祭礼の日，隅田川（すみだ）にかかる永代橋（えいたいばし）が，人の重みで橋の真ん中から崩れ落ち，約1500名の人々が死亡した。どうして，こんなに多くの人が死亡したのか？

① 橋の真ん中でこんな惨事（さんじ）が起こっているとは知らない後ろの人たちが前進して，その人たちに背中を押された人が次々と川に落ちた。
② 永代橋は一度に300人ほどの人が渡れる強度しかなかった。

（答え：　　　　　）

問題28 東京大学の「赤門（あかもん）」は，江戸時代11代将軍徳川家斉（いえなり）の21女の溶姫（ようひめ）が加賀の藩主前田斉泰（なりやす）のもとへ嫁（とつ）いだとき造られた，朱塗りの門である。
さて，そこで問題。次のうち，どちらが正しいか？

① 現在の「赤門」は慶応（けいおう）4年（1868年）の大火災で焼失し，その後再建されたものである。
② 現在の「赤門」は安政（あんせい）の大地震や慶応の大火で屋敷のほとんどを失ったが，「赤門」だけはそのまま残った。

（答え：　　　　　）

27の答え ①

その日,深川八幡(ふかがわはちまん)の祭礼を見に行くため,幕府の役人が舟で永代橋(えいたいばし)の下を通った。このとき,一般庶民の橋の上の往来は一時止められていたが,解除になって,一気に両端からドッと人が渡り始めたところ,橋の真ん中の欄干(らんかん)が壊れ,そこから人々が川に落ちた。後から渡り始めた人たちは,橋の真ん中で何が起きているのかわからないまま前進し,押された人々が次々に川へ落下した。

....

28の答え ②

加賀藩主前田斉泰(なりやす)は,溶姫(ようひめ)の嫁入りに際し,新たに奥方御殿(おくがたごてん)を造ったり,朱塗りの門を造った。その後,安政(あんせい)の大地震や慶応(けいおう)の大火(たいか)で,奥方御殿はほとんど失ったが,唯一(ゆいいつ),赤門(あかもん)だけは焼け残り,現在は重要文化財となっている。

問題 29

江戸時代の末期，公武合体論の犠牲となり，皇女和宮が徳川家茂に嫁ぐことになり，京都から江戸に向かった。ところが，江戸の入り口の板橋宿に「嫁入りのとき通ると不縁になる」という通称「縁切り榎」があった。そこで皇女和宮が通るとき，この木をどうしたか？（＊この問題だけ三択にしました）

① その榎をいったん切って，その後また木を植えた。
② その榎全体を布で覆った。
③ 和宮一行のために，新たに迂回路を作って，そこを避けた。

（答え：　　　　）

問題 30

嘉永6年（1853年）江戸湾浦賀沖に，これまで見たこともない船体に外輪をつけた巨大な船がやってきた。江戸の町では「黒船が来る」と騒然となった。

では，なぜ「黒船」といわれたのか？

① 船全体が黒く塗られていたから。
② 煙突から，もうもうと黒い煙を上げてやってきたから。

（答え：　　　　）

29の答え　②

はじめは「悪縁を切る」という信仰もあり，切るわけにもいかず，布で覆う方法も考えたが，大木のため布では間に合わず，結局急いで迂回の道を作った。今でも板橋宿のあった入り口には，この榎もあり迂回路もある。

悪縁が切れますように…

30の答え　②

それまで煙をもうもうと上げて進んでくる船を見たことがなく，煙突から真っ黒な煙を上げているのを見て「黒船」といった。

問題 31

ペリーがやってきてから幕府は海防政策の強化のため11基の砲台場（台場）を造る計画を立てた。急ピッチで築造にあたったが，途中で中止となった。その理由は？

① 土砂約3000万石を運ぶ人足だけでも270万人の動員が必要だったが，それが集まらなかった。
② 建設資材の調達ができなかった。

（答え：　　　　）

問題 32

安政7年3月3日午前，幕閣の最高職である大老の井伊直弼が水戸浪士たちにより暗殺されたが，幕府は3月28日に病死したと発表した。どうしてか？

① 暗殺されたとなると，井伊家が御家断絶になる。それを恐れ，日を置いて3月28日に病死として届けた。
② 時の幕閣の最高権力者が将軍の居城の前で暗殺されたことは，幕府の権威を失墜させるということで，幕命により3月28日に病死とさせた。

（答え：　　　　）

31の答え　②

品川御殿山(ごてんやま)の一角を切り崩して得た土砂(どしゃ)を運ぶためには，人足(にんそく)だけでも270万人が必要であり，それは到底無理であった。また，伊豆(いず)や真鶴(まなづる)から石を運ぶのに船も調達できず，結局第1～3台場と第5，6台場は完成したが，第4台場は工事半ばで中止となった。また，第7台場は未完成，第8台場以降は未着手で終わった。

32の答え　②

幕府の権威を失墜(しっつい)させる事件だから，日時を変えて病死にした。しかし，白昼堂々の事件であったため，あっという間に世間に知れ渡り，結局幕府の権威は失墜した。

問題 33 浅草寺の雷門は，いままで何度も焼失し再建された。慶応元年（1865年）上野田原町の大火で焼失し，資金難のため，その後95年間再建されなかった。昭和35年にやっと再建されたが，その資金はどのようにして作り出したか？

① 松下電器（現パナソニック）の創始者・松下幸之助の寄進によってできた。
② 浅草寺門前の商店主の寄進によってできた。

（答え：　　　　）

問題 34 江戸城が無血開城となったとき，新政府はまず幕府の360万両あるという御用金を探したが見つからなかった。はたして御用金はどこに行ったか？

① 井伊直弼が地元彦根の山に埋蔵したらしい。
② 井伊直弼の命により赤城山麓に埋蔵したらしい。

（答え：　　　　）

33の答え　①

浅草寺 雷門は，松下電器（現パナソニック）の創始者・松下幸之助からの寄進によって復興再建された。そのとき門内の「風神雷神」像の焼失した頭の部分も復元された。いまでは浅草寺の総門として威容を誇っている。

34の答え　②

井伊直弼の命により当時の勘定奉行の小栗忠順が赤城山麓に埋めた。埋蔵した位置を記した巻物があり，そこには「手がかりは古井戸の中」とされていた。いまなお発掘作業が行われているが，まだ発見できない。

問題35 新撰組副長・土方歳三(ひじかたとしぞう)は，北海道の函館で新政府との最後の戦の乱戦中，銃弾に倒れて死んだ。では，どのように死んだのか？

① 乱戦中，敵の銃弾に撃たれて死亡した。
② 乱戦中，間違って味方の銃弾に撃たれて死亡した。

（答え：　　　　　）

問題36 新撰組の初めの局長，近藤 勇(いさみ)は板橋の平尾宿で斬首(ざんしゅ)された。その近くの板橋駅にある墓所に埋葬され，いまも命日には慰霊祭(いれいさい)が行われている。しかし，三鷹市(みたか)の寺にも墓があり，愛知県岡崎市の寺にも首塚がある。そのほか全国各地にもある。はたして本物はどこか？

① 斬(き)られた首は，京都に運ばれて晒(さら)し首となったが，すぐ誰かに取られ板橋に墓を作った。
② 三鷹市の近藤家の墓は遺品だけしかないが，近藤家一族はここが墓として祀(まつ)っている。

（答え：　　　　　）

35の答え ②

土方は絶対降伏はしないと抗戦したが，味方の旧幕府軍は，これ以上戦っても犬死するだけだと，乱戦にまぎれて土方を暗殺したといわれている。

36の答え ②

板橋には慰霊碑はあるが，首は納められてはいない。勇の養子によれば，斬首を見届け，見張り役人が寝ている隙に胴体の一部を持ってきて埋葬したという。

問題 37 戊辰戦争で最後まで戦ったのが会津藩と庄内藩だった。戊辰戦争後，各藩の城は取り壊しとなった。その中で庄内藩の支藩・松山藩の大手門だけは取り壊しを免れた。その理由は？

① 松山の領民が大手門だけは残してくれと嘆願したから。
② 庄内藩と薩長軍と戦って怪我をした兵士を，松山の領民は敵，味方なく治療し助けたから。

（答え：　　　）

問題 38 明治新政府は近代化を進めたが，真っ先に重要と考えたのが国民の教育のレベルを上げるための学校制度であった。
では，どうして第一に教育が必要と考えたのだろうか？

① 商売を上手にやって経済力をつけるため。
② 算数一つできないようでは外国に勝てないため。

（答え：　　　）

37の答え　②

松山の領民が敵，味方なく，怪我人の手当てをし救ったことを知った新政府は，領民が大切にしていた大手門だけは取り壊しをせず，そのまま残した。いまは県指定の文化財として，松山（現山形県酒田市松山）の自慢の史跡となっている。

....

38の答え　②

たとえば，地図が読めない，大砲も撃てない，軍艦も操縦できないようでは，戦争に勝てない。だから，このころの教育はすべて外国に勝つためのものであった。

どちらがほんとうかな日本史おもしろ二択クイズ

問題 39　西郷隆盛は西南戦争に敗れて自刃したとされているが、死んではいなかった。それでは、その後の西郷はどこへ行ったのか？

① 彼は死んではおらず「日本の政界を粛清する」とロシアに渡っていた。
② 彼は間違いなく西南戦争で敗れ自刃した。

（答え：　　　　　）

問題 40　日本で初めて外国人と結婚した人物が幕末にいた。彼は高杉晋作のいとこの南貞助で、高杉に勧められてイギリスに渡り、イギリス人の女性と結婚した。どうして彼はイギリスの女性と結婚したのか？

① 彼は、日本民族とヨーロッパ人が結婚し混血児を作り、優秀な人種を作る「人種改良論」を実行するために結婚した。
② イギリス留学中に恋に落ちて結婚した。

（答え：　　　　　）

39の答え ②

日本人は「英雄は死なない」という人が多く，たとえば源 義経(みなもとのよしつね)は大陸に渡りジンギスカンになったといわれている。西郷隆盛(さいごうたかもり)もどうしても死なせたくない人が，ロシアに渡って生き延びたという，噂(うわさ)を広げた。

40の答え ①

彼は優秀なヨーロッパ人の血と日本民族の血と混ぜ合わせ，優秀な人間を作るという「人種改良論」に共鳴しており，実行したのである。しかし，10年ほどで離婚し，子どもはいなかった。

問題41 明治天皇が江戸城に入ってからは，江戸城は4回も名称が変わった。いまは「皇居(こうきょ)」という呼称であるが，これは戦後，昭和23年にこの名に変わった。では，その前にはどのような名称だったか？

① 江戸城→東京城→皇城(こうじょう)→宮城(きゅうじょう)→皇居
② 江戸城→御城(ごじょう)→皇城→宮城→皇居

（答え：　　　　）

問題42 明治4年政府は東京から長崎まで急いで電信線を張り渡す工事に着手した。ヨーロッパと日本の間を電線で結ぶ計画ができ（ヨーロッパでは各国を経由して上海(シャンハイ)まで作り，日本は東京から長崎まで作り，上海と長崎間は海底電線を敷く），日本政府は急いで工事をしたが，とてもいまでは考えられない工事をした。それはどんな工事か？

① 収穫間近の農作物があってもかまわず電柱を立てた。
② 松並木の松の枝を横木に使って電信線を据(す)え付けた。

（答え：　　　　）

> **41の答え** ①

明治元年明治天皇が江戸城に入ったときから，江戸城は「東京城」という名称になった。その後，「皇城(こうじょう)」となり，大火で焼失し，明治21年に再建後，「宮城(きゅうじょう)」と名称が変わり，戦後昭和23年に現在の「皇居」と名称が変わった。

> **42の答え** ②

ともかくヨーロッパからも催促された日本政府は，なりふりかまわず突貫工事のため林があれば切り倒し，保土ヶ谷(ほどがや)では松並木の松を電柱にした。

問題 43

明治の廃藩置県後，大隈重信，岩倉具視らは欧米の進んだ文化を実際に見るためアメリカ，ヨーロッパに派遣された。その中でもっとも驚いたのは？

① アメリカに行ったとき，高層ビルのエレベーター。
② レンガという石で家やビルが造られていたこと。

（答え：　　　　）

問題 44

日本の初代総理大臣・伊藤博文は，あることで明治天皇からしかられたことがある。そのあることとは？

① 欧化主義者の博文は，舞踏会や夜会を行い酒ばかり飲んで騒いでいたため，酒を慎むように明治天皇からおしかりを受けた。
② 博文は，宴会や舞踏会では，若い芸者から妙齢の未亡人にいたるまで手を出していたため，この破廉恥ぶりを見かねた明治天皇からしかられた。

（答え：　　　　）

> **43の答え** ①

当時のアメリカではビルにエレベーターが取り付けられ，使節団一向は目を丸くして驚いたといわれている。イギリスの産業革命にも驚いたが，いちばん驚いたのはエレベーターであったといわれている。

> **44の答え** ②

女好きの博文(ひろぶみ)は，舞踏会(ぶとうかい)では美人で有名な，ある伯爵(はくしゃく)夫人に手を出したり，宴会で美しい若い芸者を見ると口説(くど)いて家に連れ込んだりしていた。その破廉恥(はれんち)ぶりを新聞にも取り上げられ，見かねた明治天皇から「少し控(ひか)えなさい」とおしかりを受けた。

問題 45　明治維新のときの大革命,版籍奉還と廃藩置県で,大名たちはなぜ反対もせず,かえって喜んだのか？

① 百姓一揆や家臣からの突き上げがなくなり,精神的に楽になったから。
② 藩主たちはそのまま知事に任命され,彼らの生活は質素な生活から一転して裕福になったから。

（答え：　　　　）

問題 46　札幌農学校の初代教頭のクラーク氏は学校を去るとき「少年よ,大志を抱け」という言葉を残したとされているが,ほんとうはどうだったか？

① 別れの場面に立ち会った人々の言葉からは,この名言を聞かなかったといわれている。
② クラーク氏が去る前の講演の記録には,たしかにいっていたとされている。

（答え：　　　　）

45の答え　②

藩主たちは，百姓一揆や家臣の心配をしなくなったが，それよりも禄制の廃止により禄を還した者は代わりに「金禄公債」が交付され，その結果大名時代よりもぜいたくな生活を味わえたのである。

46の答え　②

教え子の1人の教育者の大島正健は，クラーク氏は講演の中でこういったとされているが，実はクラーク氏のそのときいった言葉は，「少年よ，大志を抱け（Boys, be ambitious.）」の後に「この老人のように（like this old man）」といっており，彼は別れの言葉として気軽にいっただけだったとしてある。

問題 47

日本一難しい，当時の東京美術学校（現東京藝術大学）を横山大観は受験した。入学試験は鉛筆のデッサンで洋画科をめざしていたが，実際には毛筆で描く日本画科を受験した。ほんとうか？

① はじめから日本画科をめざし毛筆で受験した。
② はじめは洋画科を受験するつもりが，洋画科志望者が多く急遽毛筆の日本画科を受験した。

（答え：　　　）

問題 48

自由民権運動の主導者としても有名な板垣退助は，自由党の党首になり，遊説先の岐阜において暴漢に襲われた。もみ合いになったが，秘書に助けられ一命を取り留めた。そのとき，いった言葉は？

① 「板垣死すとも自由は死せず」
② 「痛い！　はやく医者を呼んでくれ」

（答え：　　　）

47の答え　②

日本画の大家といわれている横山大観(たいかん)は，なんとしても東京美術学校に入りたかったが，毛筆に自信がなくて洋画の鉛筆画を選んだ。しかし，試験会場に行ったところ，すでに絵を描いて5，6年たっている猛者(もさ)ばかりで，急遽(きゅうきょ)試験会場で毛筆に変更することを嘆願(たんがん)し，それが許可され毛筆で受験して試験に合格した。

48の答え　②

板垣が演説後に舞台から降りたところ，短刀を持った暴漢に襲われたが，そのとき秘書が駆けつけ，板垣を助け一命を取り留めた。そのとき有名な言葉「板垣死(し)すとも自由は死(し)せず」といったとされている。しかし，そのとき7ヵ所もケガを負いながら，そんなことがいえるわけがなく，ケガが治ってから，この名言をいったのが事実とされている。

> **問題 49**

明治時代，初めて電話の相手に話しかけたとき，何といってかけたか？

① 「おい，おい，聞こえるか？」
② 「ハロー，ハロー，聞こえるか？」

（答え：　　　）

> **問題 50**

初めて日本で電話ができた年，日本で最初の国産自転車が作られた。では，この自転車を作ったのは，どんな仕事をしていた人か？

① 鉄砲鍛冶(かじ)職人
② 屋台車職人

（答え：　　　）

49の答え ①

明治23年，日本で初めて電話交換業務のための電話公開実験が行われた。そのとき最初に「おい，おい，聞こえるか？」と呼びかけたと，そのときの新聞記事に記述されている。

....

50の答え ①

明治23年，いまは自転車メーカーとして有名な宮田工業（当時宮田製銃所）が，鉄砲鍛治（かじ）の技術を活かして製作した。明治22年，1人の外国人が自転車の修理を頼みに来た。初めて見る自転車に困り果てたが，それを見た次男はパーツを分解して見事に直した。それから，「これからは自転車の時代が来る」と研究して，国産第1号の自転車を作り上げた。

問題 51

明治時代蒸気機関車ができる前、人力で走る鉄道があった。平地では走り出しさえすれば問題ないが、上り下りの勾配（こうばい）に来るとたいへんで、さらに下りのカーブでは脱線もした。そのときはどうしたか？

① 定員は押夫（おしふ）（動かす人）が2人、乗客定員は6人までと決まっており、なんとかうまく運転した。
② 上り勾配では、乗客が降りて手伝った。下りカーブの手前では乗客は飛び降りた。脱線したらレールに戻すのに乗客も手伝った。

（答え：　　　　）

問題 52

汽車が庶民にもなじみとなったころ、ある男がおならをしたくなり、車中では他人に迷惑をかけるので、尻をまくって窓から放屁（ほうひ）した。ところが、鉄道省から25円の罰金を取られた。その理由は？

① 車内における不行状（ふぎょうじょう）による罰金
② 窓から外に向かっての放屁ではなく、尻を突き出したわいせつ物陳列（ちんれつ）罪による罰金

（答え：　　　　）

51の答え　②

きつい上り勾配(こうばい)のときは，乗客が降りて手伝い，下りカーブのときは事前に飛び降り，脱線転覆(てんぷく)のときは押夫(おしふ)と乗客が車両を起こしてレールに戻したという。押夫と乗客の仕事というのんびりした乗り物であった。

52の答え　②

尻をまくって窓から突き出すとは，わいせつな物を陳列(ちんれつ)したということで，「わいせつ物陳列罪」になった。（新政府へのあからさまな侮蔑(ぶべつ)であると受け取られた。）また，窓から小便をするのも罰金を取られた。その後，列車にもトイレがついた。

問題 53

日本人の偉人伝として登場する野口英世（のぐちひでよ）は、ほんとうに語られているような立派な人だったか？

① 彼は幼いころの火傷（やけど）で左手が不自由であったが、1人でも多くの人を救いたいと思い努力した結果、有名な医学者になった。

② 彼はすさまじい努力をしたが、それは強烈な出世欲と名誉欲がそうさせた。そして、いちばん早く医者として有名になるため、細菌学を学んだ。

（答え：　　　　）

問題 54

明治の後半に「足尾銅山鉱毒事件（あしお こうどく）」が起きた。鉱毒を川に流したため、下流の農地で作物が育たなくなった。地元の衆議院議員の田中正造（しょうぞう）は、身を犠牲にして天皇に直訴（じきそ）した。その結果どうなったか？

① さすがに天皇に直訴され、政府は鉱毒を認めたが、天皇に直訴することは許されないことであると、正造は投獄された。

② 政府は、正造は頭がおかしくなった精神病者として、天皇に直訴したことを処罰しなかった。

（答え：　　　　）

53の答え　②

彼は「名誉のためなら進んで危ない橋を渡る」といっており，後年，自分の伝記を読み，「おれはあんな人間ではない」と自分をほめた伝記に怒っていた。

....

54の答え　②

田中正造（しょうぞう）は議員を辞（や）めてまで天皇に直訴（じきそ）した。しかし，天皇に直訴することは下手をすれば死刑になる行動であった。これに対し，政府は一枚上で，正造を処罰しなかった。彼を，頭がおかしくなり，訳もわからずしたことにしてしまった。政府が鉱毒（こうどく）を認め銅山を閉鎖したのは，戦後になってからである。

問題 55

大正時代，天ぷら屋の老舗(しにせ)には天丼はなく，そば屋でも天丼は出さなかった。天ぷら屋で天丼，そば屋でカツ丼を出すようになったのは，関東大震災の後である。どうして震災後から丼物が出されるようになったか？

① 余震を恐れて，すぐ逃げられるように急いで食べるように客の注文があったから。
② 震災後，それまでお座敷で食べていたが，食堂が椅子(いす)とテーブルに替わり，気軽に食べるようになったから。

（答え：　　　　）

問題 56

東京で最初のビアホールは「えびすビール」であった。では，ビールのおつまみで，いちばん評判がよかったのは？

① 大根の薄切りに塩をひと振りかけた，ドイツのビールのおつまみの「ラディ」
② エビや蕗(ふき)の佃煮(つくだに)

（答え：　　　　）

> 55の答え　②

それまでお座敷でゆっくり食べていたが，震災後は下駄履き(げたば)，靴のまま腰かけて食べる食堂に変わって，天ぷら屋もそば屋も椅子とテーブルになり，簡単に食べる丼物を出すようになった。

....

> 56の答え　②

はじめに生大根の薄切りにひと塩かけた，ドイツで定番の「ラディ」を出したが，日本人の口には合わず，客はほとんど手をつけなかった。そこで日本古来のエビや蕗(ふき)の佃煮(つくだに)を出したところ大好評であったが，その後，ビールに佃煮ではちょっと，という客もあり，いまは枝豆が定番となった。

どちらがほんとうかな日本史おもしろ二択クイズ

問題 57
第二次世界大戦中，日本の首都機能を東京から長野県の松代（まつしろ）に移す計画が持ち上がり，極秘に工事が進められた。しかし，結果的に敗戦となり中止した。どうして松代が選ばれたか。その理由は？

① 東京にも近く，地質的にも硬い岩盤であり，10トン爆弾にも耐えられ，地下施設建設にも充分な面積があったから。
② 近くに飛行場もあり，日本の真ん中だから。

（答え：　　　）

問題 58
日露戦争の日本海海戦の勝利は，バルチック艦隊の進路を塞（ふさ）ぐ「Ｔ字（ティージ）戦法」によるものであり，この戦法は当時の参謀（さんぼう）である秋山真之（さねゆき）が発案したとされている。しかし，その作戦は以前からあったといわれている。その理由は？

① 秋山よりも前に，この作戦を主唱していた人物がいた。
② 艦長の東郷平八郎（とうごうへいはちろう）は，以前からこの作戦があるとは思っていなかったので，この作戦を持ち出した秋山の発案とした。

（答え：　　　）

69

57の答え　①

太平洋戦争の末期，本土決戦の可能性があると思った政府は，国民には極秘に長野県の松代(まつしろ)に地下施設の工事を始めた。場所として，東京から近く岩盤が硬いところということで松代が選ばれた。いまは観光名所として公開されている。

58の答え　①

戦後，海上自衛隊幹部学校で行われた，当時の海軍大将の山梨勝之進(かつのしん)の講話によると「当時の軍艦『笠置(かさぎ)』の艦長の山屋他人(やまやたにん)が『Ｔ字(ティーじ)戦法』の主唱者で，東郷平八郎(とうごうへいはちろう)も聞いていた。ではなぜ，秋山の発案とされたのか。一緒に艦に乗っていた参謀(さんぼう)を立てるため，東郷は知っていたが，彼の発案として採用したもの」とされている。

問題 59 東京の渋谷駅前に忠犬ハチ公の銅像がある。そのハチ公は亡き主人を迎えに夕方になると渋谷駅にきていたが，晩年はノラ犬となり渋谷の路地で死んだ。どうしてノラ犬になったのか？

① 飼い主が亡くなり，その家が浅草に引っ越したが，ハチ公はそこから逃げて渋谷に住み着きノラ犬となった。

② ハチ公は，飼い主の友人が引き取って渋谷から4km離れた三軒茶屋(さんげんちゃや)で飼われていたが，毎日そこからも渋谷に通っていた。しかし，やがて帰らなくなり，渋谷辺りでノラ犬となった。

（答え：　　　　）

問題 60 1933年ナチスの独裁政権掌握(しょうあく)と前後して，ユダヤ人の難民が急増する。アメリカはあまりにも多くのユダヤ人の渡米に受け入れを閉ざした。日本はユダヤ人難民を受け入れることにした。その理由は？

① 日本政府は，ユダヤ人難民を受け入れることで，巨大な財力と影響力を持つユダヤ財閥(ざいばつ)を味方につけ，世界の国々に対して財政的に有利に立ちたかった。

② 世界に対し，日本は人種平等精神に反する行為はしないと示したかった。

（答え：　　　　）

59の答え　②

ハチ公は二度も飼い主が変わって引っ越したが，それでも引っ越し先から渋谷駅に通っていた。やがて，昼は渋谷駅の改札近くで寝そべり，夜は近くのおでん屋や焼き鳥屋等で残りをもらい，渋谷辺りに住み着くノラ犬となった。いま銅像は渋谷駅前にあり，剥製(はくせい)は上野の科学館にある。

60の答え　①

日本政府はユダヤ財閥(ざいばつ)を味方につけ，戦費や物資の融通(ゆうづう)をもくろむとともに，利用価値を考えたのである。

問題61

1936年，阿部定事件が起こった。割烹の主人が，不倫相手の女中，阿部定に殺され，局部を切り取られた事件で，犯人の阿部定はすぐ自供し裁判の結果，6年の懲役を受け，恩赦で3年後出所した。どうして，そんなに軽い罪で済んだのか？

① 彼女には殺意はなく，相手に「首を絞めてくれ」と頼まれ，結果的に殺したから。

② メディアがこの事件を取り上げ，猟奇殺人者というよりも狂おしいほど愛を貫いたと報道したため。

（答え：　　　　）

問題62

1938年1月甲子園球場でスキージャンプ大会が開催された。負けじと同2月後楽園球場でも行われた。甲子園球場のときは，新潟県の妙高高原から雪を運んだ。では，後楽園球場のときは，どこから運んだか？

① 甲子園球場と同じ新潟県の妙高高原から運んだ。

② 同じ新潟県の石打から上越線で運んだ。

（答え：　　　　）

61の答え　②

メディアがこの事件を大きく取り上げると，日本全国で大きな反響が起き，裁判所にも罪を軽減する嘆願書(たんがんしょ)が多く届き，裁判所もそれを鑑(かんが)みて，このような判決となったといわれている。

62の答え　②

甲子園球場には信越本線から，中央線を経て大阪まで雪を運んでたいへんだったが，後楽園球場の場合，同じ新潟県の石打(いしうち)から運んだが，あまり雪も解けずに球場に着いたといわれている。

問題63 昭和19年の末に，米国のルーズベルト大統領と英国のチャーチル首相の暗殺計画があった。それは，どういう方法であったか？

① アメリカとイギリスに優秀な暗殺者を送り込んだ。
② 全国の寺社に呪詛調伏（じゅそちょうぶく）する祈祷（きとう）をさせた。

（答え：　　　　）

問題64 昭和60年，イラクのフセイン大統領は，期限を切ってイランの上空のすべての飛行を禁止し，これを無視して飛行する飛行機はすべて攻撃するといった。このとき215名の在留日本人がいたが，どうして救出できたか？

① トルコの飛行機が現地に飛び，日本人全員救出した。
② 日本政府は何もしなかったので，各自，自主的に他国の飛行機に乗り込んだ。

（答え：　　　　）

63の答え　②

昭和19年8月28日，内務大臣は全国の神社，仏閣にルーズベルト，チャーチルが死亡するように祈祷せよという訓令を発した。その甲斐あってか，ルーズベルト大統領は脳出血で急逝した。しかし，戦況は変わらず日本は敗戦した。

64の答え　①

トルコは「私たちは，エルトゥールル号のことは忘れていません」と，急遽救出のための飛行機を出し，ぎりぎりのところで日本人全員を救出した。エルトゥールル号とは，明治22年親善のためにやってきたトルコ船で，帰るとき暴風雨のため座礁沈没した。そのとき，荒れ狂う海の中，近くの村人が乗組員を救助した。そのときの恩返しであった。

おまけ

武士の性格を表す言葉として，よくいわれている言葉に，

「鳴かずんば殺してしまえほととぎす」織田信長

「鳴かずんば鳴かせてみようほととぎす」豊臣秀吉

「鳴かずんば鳴くまで待とうほととぎす」徳川家康

がある。
では，「鳴かずんば鳴いてみせようほととぎす」といったのは，だれでしょう？

答え：江戸珍八（えどちんぱち）

著者紹介

今井弘雄

　1936年生。国学院大学卒。元医療法人社団明芳会板橋中央総合病院福祉課長。ヘルパー養成講座講師。日本創作ゲーム協会代表理事，子ども文化研究所委員。

＜おもな著書＞

『生きがいづくり・健康づくりの明老ゲーム集』（共著）『ちょっとしたリハビリのためのレクリエーションゲーム12ヵ月』『シニアが楽しむちょっとしたリハビリのための手あそび・指あそび』『車椅子・片麻痺の人でもできるレクリエーションゲーム集』『ちょっとしたボケ防止のための言葉遊び＆思考ゲーム集』『おおぜいで楽しむゲームと歌あそび』『少人数で楽しむレクリエーション12ヵ月』『虚弱や軽い障害・軽い認知症の人でもできるレクゲーム集』『介護予防と転倒予防のための楽しいレクゲーム45』『ほら，あれ！　楽しい物忘れ・ど忘れ解消トレーニング』『軽い認知症の方にもすぐ役立つなぞなぞとクイズ・回想法ゲーム』『シニアのための楽しい脳トレーニングワークシート①②』『シニアのための大笑いクイズと大笑い健康体操』『はじめての人でもすぐできるシニアのための俳句づくりワークシート』（以上，黎明書房）『バスの中のゲーム』（文教書院）他多数。

＜参考文献＞

阿部隆幸・中村健一著『歴史壁面クイズで楽しく学ぼう①〜③』黎明書房
大石学監修『大江戸「事件」歴史散歩』中経出版
後藤武士著『読むだけですっきりわかる日本史』宝島社
岡村道雄他監修『学習漫画　日本の歴史できごと事典』集英社
夢枕獏他著『国民の知らない歴史』ワニ文庫
日本史のウラを探る会著『裏ネタ日本史』宝島社
後藤寿一著『日本史泣けてしまういい話』河出書房新社
板橋区史編纂『東京都板橋区史』
酒田市史編纂『酒田市史』

シニアのための日本史がおもしろくなるクイズワークシート

2014年2月10日　初版発行

著　者	今井　弘雄
発行者	武馬　久仁裕
印　刷	株式会社　太洋社
製　本	株式会社　太洋社

発　行　所　　　株式会社　黎明書房

〒460-0002　名古屋市中区丸の内3-6-27　EBSビル
☎052-962-3045　FAX 052-951-9065　振替・00880-1-59001
〒101-0047　東京連絡所・千代田区内神田1-4-9　松苗ビル4F
☎03-3268-3470

落丁本・乱丁本はお取替します。　　ISBN978-4-654-07631-4

Ⓒ H. Imai 2014, Printed in Japan